Causar

Impacto

mike
breaux

Causando Impacto

...e una vida que toque a otra... que toque a otra.. que toque a otra.. que toque a otra..

mike
breaux

La misión de Editorial Vida es proporcionar los recursos necesarios a fin de alcanzar a las personas para Jesucristo y ayudarlas a crecer en su fe.

CAUSANDO IMPACTO
Edición en español publicada
por Editorial Vida – 2008
Miami, Florida

Originally published in the U.S.A. under the title:
Making Ripples

Traducción: *Guido Micozzi*
Edición: *Erma Lovell Swindoll de Ducasa*
Diseño interior: *Words for the World, Inc.*
Adaptación de cubierta: *Pablo Snyder*

ISBN: 978-0-8297-5114-7

Categoría: Vida cristiana / Devocional

Impreso en Estados Unidos de América
Printed in the United States of America

08 09 10 11 ❋ 6 5 4 3 2 1

A Debbie,

te estoy eternamente agradecido.

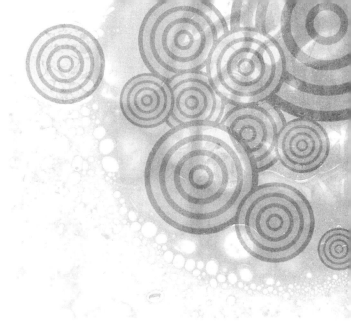

De acuerdo … lo admitiré. Tengo una veta artística. Tras esta fachada de hombre entrado en años, algo desgastado, calvo, conductor de camiones, amante de los perros, se oculta el corazón de un artista. No es que posea muchas capacidades artísticas, pero el arte me moviliza. Pintura. Danza. Teatro. Poesía. Arquitectura. Algo muy dentro de mí responde a esa clase de creatividad.

De todas las formas de arte, la música y las películas son las más me atraen. Me conmueven las melodías inolvidables, los acordes creativos y las armonías precisas. Y aprecio las canciones que cuentan la clase de historias que te conmueven el alma, esas que te inspiran ganas de cantarlas una y otra vez. Quizá por eso soy fanático de la música country. (Lo sé, lo sé, ¡justo cuando intentaba convencerte de mis inclinaciones artísticas!) Tampoco puedo resistirme a unos renglones escritos con ingenio y a un diálogo convincente. A decir verdad, no me dedico tanto a mirar una buena película, sino a vivirla. No exageraría si dijera que puede llegar a afectarme emocionalmente.

Cuando las películas combinan buena narración con buena fotografía, buena actuación, buena dirección, buenas bandas sonoras y un buen guión, literalmente me hacen llorar. *Mente brillante* me conmovió. Mi padre fue un tipo genial que luchó contra la enfermedad mental, así que mientras pasaban los créditos, permanecí sentado, paralizado en la última fila, llorando como un niño que extrañaba intensamente a su papá. (Y aún lo hago.)

Lloré con *Hoosiers, más que ídolos*, cuando Jimmy acertó el tiro ganador. Me quedé sin lágrimas durante *Homeward bound* [El límite del hogar: El viaje increíble]. (Las historias de perros me parten el alma.) Tanto *La lista de Schindler* como *Hotel Rwanda* despertaron mi sentido de justicia inculcado por Dios, e hicieron que me quedara sentado y que meditara mientras me enjugaba las lágrimas del rostro.

Aunque no lo creas, incluso lloré con *Tonto y retonto*. Lloré con *Los caballeros de la mesa cuadrada y sus locos seguidores*. Lloré con *Tommy Boy* y *Napoleón Dinamita*. Las lágrimas me corrían por el rostro porque no podía dejar de reír por lo increíblemente tontas y graciosas que resultaron dichas películas.

¿Y qué pasa contigo? ¿Cuáles son las películas que prefieres por sobre todas? *¿Lo que el viento se llevó? ¿Ben Hur? ¿El ciudadano? ¿El Padrino? ¿Buscando a Nemo? ¿Campo de sueños [Field of dreams]? ¿Colisión? ¿La marcha de los pingüinos?* Y si tuvieras que elegir solo una, ¿cuál sería?

Cuesta decidirse, ¿no es cierto? Mi mente va de *Corazón valiente* (¡estuve a punto de pintarme la cara de azul, ponerme faldas y pelear por Escocia!) a *El fugitivo*. (Apuesto a que tu corazón palpitaba también mientras el agente federal Girard perseguía al Dr. Kimball en ese túnel subterráneo.) Me encanta la sencilla y estrafalaria película llamada *La novia princesa* [The Princess Bride] y la igualmente desopilante *¿Qué pasa con Bob?*, con Bill Murray en el papel de Bob Wylie, que se presenta en la residencia de vacaciones de su psiquiatra y decide quedarse allí.

Pero si tuviera que mencionar a mi favorita por encima de todas las demás, tengo muy claro cuál sería. No es que esté de acuerdo con todo su contenido, pero me dejó pensando: «Creo que tal vez sea la película más creativa, bien compaginada, ingeniosa, intelectualmente provocativa, emocionalmente atrayente y mejor actuada que he visto en la vida».

Y no es que solo haya admirado su arte o disfrutado de su entretenimiento. Es que aprendí algunas cosas muy profundas; tres de ellas, para ser preciso. La primera: «La vida es como una caja de bombones; uno nunca sabe lo que le va a tocar». No todos los momentos en la vida están rellenos de crema, ¿no es cierto? También aprendí que «Tonto es quién hace tonterías», y que ser tonto no tiene nada que ver con

«La vida es como una caja de bombones; uno nunca sabe lo que le va a tocar».

tu coeficiente intelectual, sino con tu discernimiento, tu capacidad para tomar decisiones y tu disposición de cumplir lo prometido. Lo tercero que aprendí me resultó particularmente liberador como orador y comunicador. Aprendí que ya no era necesario que me esforzara tanto para elaborar las conclusiones de mis mensajes; de allí en adelante era suficiente que finalizara diciendo: «Es todo lo que tengo para decir sobre esto».

Forrest Gump es de esas películas que te atrapan el corazón. Me hizo pensar mucho acerca de mi vida. ¿Cumplo mi palabra sea como sea? ¿Amo incondicionalmente a los que me rodean? ¿Muestro respeto por todos, cualquiera sea su color, raza, rango, inteligencia o ignorancia? ¿Tendría la franqueza suficiente para decir: «Quizá no sea un hombre inteligente, pero sí sé lo que es el amor»?

Hay una fascinante escena al final de la película. Jenny, la esposa de Forrest, que tomó muchas decisiones erradas en la vida, muere a los treinta y cinco años. Forrest está parado ante su tumba y le dice: «Falleciste un sábado a la mañana, e hice que te pusieran aquí bajo nuestro árbol». Le cuenta lo que ocurre en su vida, cómo le va a su pequeño hijo Forrest y cuánto la extraña.

Luego comienza a reflexionar sobre la vida y se formula una pregunta que en verdad me caló hondo. Se pregunta si su mamá o su amigo el teniente Dan estaban en lo cierto: «¿Acaso tenemos un destino o será que todos flotamos por la vida en forma más o menos accidental, como una pluma en la brisa?» Cuando le oí decir eso, pensé: «Esa es la pregunta a la que todo habitante del planeta debe intentar hallarle una respuesta».

¿Destino o accidente?

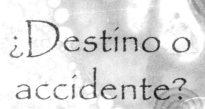

C uando examino la cultura que nos rodea veo cantidad de personas que de veras creen que somos producto de la casualidad, que flotamos accidentalmente, como una pluma en la brisa. Solía creerlo; también solía flotar por la vida. Entiendo por qué la gente puede aceptarlo; porque en esta época se nos enseña a temprana edad que venimos de la nada y volvemos a la nada. Así que básicamente todo lo que pasa en el ínterin solo es, pues, nada.

Si eso es cierto, no hay destino; no hay propósito. Y si no hay propósito, no hay verdad. Si no hay verdad, no existe el bien ni el mal, y es como que todos nos presentamos en forma accidental y flotamos en la brisa durante toda la vida. Vamos elaborando las reglas sobre la marcha.

Concuerdo con la afirmación de Chuck Colson que nuestra cultura está enmarcada por «la verdad de los programas de entrevistas». ¿Vio alguno de esos programas? A diferencia de la música o las películas, rara vez me conmueven. Quizá sea porque todos estos programas tratan prácticamente la misma clase de temas. Cierta mañana estaba en casa con gripe y, al navegar por los canales con la esperanza de encontrar «The Price Is Right» [El precio correcto] («La hora más emocionante de la televisión»), un programa de entrevistas me captó la atención. Una joven estaba sentada en el escenario con cinco muchachos que la rodeaban en semicírculo, y un pequeño recuadro azul con leyenda aparecía en pantalla a fin de identificar el tema que se trataba. Decía que dicha mujer había tenido relaciones con los cinco hermanos de su marido. Arqueé las cejas y pensé: «¡Increíble!»

Pero allí no se terminó el asunto. Luego el presentador se dirigió al público y le dio el micrófono a un joven que se puso de pie y dijo algo así como, «Lo que venga, hombre. Yo opino que si a ellos les parece bien; a él le parece bien, y a ella le parece bien, pues ¡que sigan adelante!» El público aplaudió y festejó. Y yo sigo pensando, «¡Increíble!»

La verdad de los programas de entrevistas. Lo que venga, hombre. No es de extrañarse que los sociólogos hayan tildado a esta generación de Generación Lo Que Venga. Lo entiendo, pues si de verdad aparecemos en forma accidental, si no hay destino, no hay propósito, no hay verdad, no hay reglas, y no hay bien ni mal; todo es como un enorme «lo que venga» ¿no es cierto?

A decir verdad, no me sorprendió una reciente encuesta hecha a estudiantes de secundaria de Estados Unidos que reveló que casi el ochenta por ciento de ellos dijo no creer que exista una verdad absoluta. Que no existe el bien absoluto ni el mal absoluto. Cualquier cosa que necesites que sea verdad en la situación en que te encuentras, vale. El sesenta y siete por ciento de dichos estudiantes manifestó copiarse en sus exámenes con regularidad. Lo que venga. El sesenta y seis por ciento manifestó que bebía alcohol con regularidad. Lo que venga. El cincuenta y cinco por ciento manifestó cometer ratería de tiendas con regularidad. Lo que venga.

Si no hay destino ... todo es como un enorme «lo que venga», ¿no es cierto?

Recuerdo que un muchacho se acercó a mi hija en la escuela secundaria y le preguntó: «Dime con franqueza, ¿no es cierto que ustedes los cristianos, no pueden tener relaciones sexuales como hasta los dieciocho?» Jodi le contestó: «Pues, en realidad, Dios creó el sexo para cuando uno se casa». Él se encogió de hombros y dijo: «Lo que venga».

Fíjate alguna vez en el sitio Web de Estadística de la Oficina de Justicia [Bureau of Justice Statistics][1]. Hace poco me metí y averigüé algunos datos acerca de la delincuencia violenta. Buenas noticias: de 1994 a 2003, el índice de delitos violentos en los Estados Unidos disminuyó a un ritmo constante. En 2005, alcanzó su cifra más baja: ¡llegó a disminuir a 5.341.410 hechos delictivos violentos en el año! (A propósito, el veintinueve por ciento de dichos delitos fueron cometidos estando drogados o alcoholizados, lo cual tiende a impulsar «lo que venga» a otro nivel.) Sin embargo, si bien el índice de delincuencia disminuyó para los adultos, entre los adolescentes de doce a quince años, el delito violento se disparó en los últimos veinte años alcanzando un índice pasmoso del ciento cincuenta y seis por ciento.

Además de alertarnos en cuanto a una alarmante tendencia, dicha cifra también demuestra cómo esta clase de indiferencia de mantenerse flotando por la vida puede convertirse en algo mucho más insensible. Me contaron que cuando un miembro quinceañero de una pandilla fue acusado de homicidio, sus compañeros estaban indignados de que el juez le hubiera fijado una fianza que ellos consideraban excesivamente alta. Se mencionó que dijeron en la antesala del juzgado: «No entendemos por qué le dan tanta trascendencia; la gente se muere todos los días». Lo que venga.

Y la delincuencia no es la única consecuencia de tal forma de pensar. ¿Viste alguna vez en MTV *Vacaciones de primavera* [Spring break] donde se documentan los excesos sexuales de los estudiantes cuando celebran una semana fuera de la escuela? Si eres padre, al mirar eso tal vez te dé la impresión de que se trata de *Lo que venga ... fuera de control,* particularmente si recuerdas que lo que ves es una versión editada para la televisión. Si permites que tus hijos vayan sin supervisión a esos sitios populares para las vacaciones de primavera, comprende que los meterás en el centro mismo de un enorme «lo que venga», que incluye borracheras, enfermedades de transmisión sexual y toda esa clase de cosas.

Claro que si aparecemos en forma accidental y flotamos por la vida como una pluma en la brisa, no tiene demasiada trascendencia, ¿verdad?

Si aparecemos en forma accidental,
no tiene demasiada trascendencia,
¿verdad?

---

1. http://www.ojp.usdoj.gov/bjs

Atascado

Si lo deseas puedes vivir flotando como si todo fuera accidental, pero no puedes seguir flotando en las consecuencias de esa clase de vida. Aquel refrán «sembraron vientos y cosecharán tempestades»[1] parece ser bastante acertado. A decir verdad, son bastante previsibles los resultados de una vida al estilo «lo que venga». Por cierto que así ha sido en mi vida.

En ocasiones he sabido de consecuencias tan devastadoras para una persona, que me partieron el alma. Hace algunos años estaba en Alaska enseñando, y mi anfitrión me llevó a la península Kenai. Mientras viajábamos por la ensenada de Cook, observé un enorme cartel de advertencia en una increíble playa negra. Le pregunté:

—¿Por qué está ese cartel de «Mantenerse alejado»? La playa me parece hermosa.

—Ah, eso es cieno glacial —me respondió—. Más vale mantenerse alejado de allí. Es como arena movediza. Te hundes, te envuelve y no puedes salir. Por eso ponen esas enormes señales de advertencia a fin de mantener a la gente alejada de la playa.

A continuación me narró una trágica historia. Una pareja en su luna de miel había alquilado cuadriciclos, y los conducían por todas partes disfrutando a más no poder de su tiempo allí. La mujer ignoró las señales de advertencia y se metió en ese lugar. Saltó del cuadriciclo y se hundió hasta las rodillas. Al principio su esposo pensó que era gracioso, pero dejó de reírse cuando la gente que pasaba por el camino comenzó a gritar y agitar sus manos para que saliera de allí. Luego los espectadores corrieron en busca de ayuda.

La marea estaba creciendo, pero la mujer no podía salir porque el cieno glacial ya le llegaba a los muslos. Llegaron los bomberos y usaron las mangueras con agua a presión para tratar de liberarla. Pero no pudieron, porque la marea estaba aun más alta; el cieno se había acumulado, y ella estaba atascada hasta la cintura.

Incluso trajeron un helicóptero para tratar de izarla, pero ese intento también falló. A pesar de sus heroicos esfuerzos, no pudieron salvar a esa pobre mujer al subir la marea en la ensenada de Cook.

---

1. Oseas 8:7

Rescatado por el Creador del destino

onozco a demasiadas personas cuya vida, en el aspecto espiritual y emocional, está así de atascada. Se están ahogando de una manera igualmente profunda y desesperada, por el simple hecho de ignorar las amorosas señales divinas de advertencia, los límites de Dios, y por vivir la vida como si todos apareciéramos en forma accidental y flotáramos como pluma en la brisa. ¿Conoces a alguien en una situación semejante? Quizá en este momento pienses:

—Claro que sí. Yo. A decir verdad me siento tan vacío, tan perdido, tan desesperado, tan … atascado.

¿Permitirías que alguien que estuvo donde estás tú te comunicara una buena noticia? ¡Hay un Dios que puede rescatarte del atascamiento! Un Dios increíblemente amoroso y poderoso que puede sacarte de cualquier cosa, de cualquier

No es un Dios al estilo
«lo que venga».
Es el Creador del destino,
y desea derramar
su amor y dirección en tu vida.

lugar, si estás dispuesto. Él desea darte un propósito y un destino. No es un Dios al estilo «lo que venga». Es el Creador del destino, y desea derramar su amor y dirección en tu vida.

Mira lo que dice Dios acerca de ti: «*Porque yo sé muy bien los planes que tengo para ustedes —afirma el*

SEÑOR—, *planes de bienestar y no de calamidad, a fin de darles un futuro y una esperanza*» (Jeremías 29:11). ¡Por cierto que eso no me suena a una existencia al estilo «lo que venga»! Más bien da la impresión de que tenemos un Dios amante que tiene grandes planes para nuestra vida.

O echemos una mirada a la traducción de Efesios 1:4 que se presenta en «El mensaje» [*The Message*]. «*Mucho antes de que él echara los cimientos de la tierra, nos tuvo presentes, había decidido que fuéramos el foco de su amor, a fin de que su amor nos hiciera íntegros y santos*». De toda la creación —antes que las nubes, las montañas, las estrellas, los ríos o las jirafas— nuestro Creador nos tuvo presentes a nosotros. ¿No te parece increíblemente genial? ¡Somos el «foco de su amor»! ¿Acaso te parece que así se vive al estilo «lo que venga»?

Fíjese en este otro: «*Somos hechura suya, creados en Cristo Jesús para realizar las buenas obras que de antemano dispuso que realizáramos*» (Efesios 2:10, *La Biblia al Día*). ¡Eres su obra maestra! Él desea exhibirte en la galería de nuestro mundo para que todos contemplen cuán maravillosamente fuiste creado. Te esculpió, te moldeó y te formó de manera singular a fin de que resultaras útil en este mundo. Tiene buenos planes para tu vida.

De acuerdo, solo uno más: «*Estoy seguro que Dios, que comenzó en ustedes la buena obra, les seguirá ayudando a crecer en su gracia hasta que la obra que realiza en ustedes quede completa en el día en que Jesucristo regrese*» (Filipenses 1:6, *La Biblia al Día*). Eso tampoco da la impresión de ser un trato al estilo «lo que venga». Me suena como que hay un Dios que desea trasladarse a nuestra vida a fin de llevar a cabo algunas cosas buenas en nosotros de adentro hacia fuera. Y que continuará cambiándonos y revelando sus planes para nosotros hasta que se cumplan.

De «lo que venga» a «dondequiera»

Cuando tenía diecisiete años, era un tipo de esos que «viven flotando». Ah, iba a la iglesia, pero de ninguna manera conocía a Dios y, por cierto, que no me interesaba que él me condujera la vida. No tenía la menor idea de que pudiera tener una amistad personal con Dios. Sencillamente hacía acto de presencia en la iglesia y jugaba el juego de la religión. Era inseguro, egoísta e increíblemente falso. Intentaba impresionar a mis amigos de la iglesia haciéndome pasar por alguien sumamente religioso y a mis otros amigos por alguien de onda y para nada religioso. Era la personificación de «tonto es el que hace tonterías», solo que aún no me había percatado de ello.

Si alguna vez intentaste llevar una doble vida, ya sabes cuán agotador puede resultar. Implica un enorme derroche de energía. Y resulta cada vez más difícil mentir de modo creativo, ¿no es cierto? La Biblia dice que la persona que va por caminos torcidos será descubierta. ¡Esto es definitivamente cierto! Cuando andas por un camino torcido, ¿cómo cubres todas tus huellas? Mi vida, y mis mentiras acerca de mi vida, comenzaron a desbaratarse, y percibí que debía existir una manera mejor de vivir.

Por esa época, me interesé en una jovencita llamada Debbie. ¿Cómo te la puedo describir? ¡Ah, podría decirse que era «guapa»! Era sumamente atractiva, alegre y auténtica, y justamente su condición de «auténtica» fue la característica que a un farsante agotado como yo le resultó particularmente refrescante. Nunca había conocido a nadie que genuinamente amara a Dios y viviera como si en verdad lo conociera. Pero Debbie lo hacía.

Ella reía con facilidad, nunca trataba de impresionar a la gente, y siempre daba la impresión de ser segura de sí. Oré: «Señor, deseo eso en mi vida. Y, estee … y también a ella, si fuera posible».

Nuestra iglesia planeaba un retiro de una semana entera en el norte de Minnesota, y algunos de mis amigos deseaban que fuera. Les pregunté: «¿Irá esa chica Debbie?» Cuando me respondieron afirmativamente, me inscribí. Mi plan era dedicarme a perseguirla durante toda la semana. Lo que no me di cuenta era que Dios también me perseguiría a mí.

Esa semana Dios cautivó mi corazón. Tengo un puñado de «momentos Kodak» en el álbum de recortes de mi mente, imágenes congeladas que nunca olvidaré. Una de ellas es de un viernes a la noche estando senta-

do a orillas de un lago absolutamente calmo y cristalino. Recuerdo las estrellas, el fogón y los mosquitos (¡el pájaro estatal del norte de Minnesota!). Y recuerdo de manera patente la presencia de Dios. Todos los demás habían regresado a las cabañas, y quedé solo llorando. Luego hice algo extraño; levanté las manos a Dios. Esto no era normal. Si uno hacía eso en la iglesia donde me crié, la gente te preguntaba,

«Sí, ¿tienes alguna pregunta?»

Pero esa noche fue un acto instintivo de entrega. Ahí sentado, este adolescente cansado, vacío y quebrantado extendió los brazos en un esfuerzo por sincerarse finalmente con Dios, y por fin sentir que su amor me invadía el corazón.

¡El poner mi vida en manos
del Creador del destino ha sido
una experiencia fascinante!

Oré: «Dios, ya no quiero vivir de esta manera. Quiero entregarme. Dios, te entrego mi vida ahora mismo; la pongo en tus manos. Estoy cansado de vivir dos vidas. Necesito tu perdón, y deseo que dirijas mi vida. Y en realidad me importa, Dios; donde quieras llevarme en esta vida, iré. Me comprometo a ello en esta noche.»

Podría decirse que esa noche pasé de «lo que venga» a «dondequiera». Y no me es posible contarte cuán emocionante ha sido mi vida desde que le pedí a Jesucristo que fuera mi líder. ¿Fácil? De ninguna manera. ¿Libre de problemas? ¿Libre de dolor? Ni soñando. Sin embargo, ha sido una vida llena de aventura y pasión, giros y vueltas, vidas cambiadas y un corazón en permanente transformación. ¡El poner mi vida en manos del Creador del destino ha sido una experiencia fascinante! He aprendido que él es más inteligente, más sabio y más fuerte que yo. Tiene una amplia perspectiva desde arriba, y me ama en la forma más radical.

Guía cotidiana

También aprendí que descubrir el plan de Dios para nuestra vida no es tanto «descubrir la voluntad de Dios» sino seguir su voz. A menudo deseamos conocer el plano, los detalles de nuestro destino. Si bien Dios sin duda revela su plan general para nosotros a través de su Palabra, he descubierto que, si escuchamos, Dios puede también conducirnos a diario. Él nos insta a hacer lo bueno, lo amable, lo recto, lo honesto y lo valiente a cada paso.

43

¿Alguna vez sentiste ese estímulo? Tal vez hayas percibido que Dios te animaba a levantar el teléfono a fin de llamar a un amigo que atraviesa un momento difícil, o te instaba a dar la vuelta y comprarle un sándwich a ese hombre desamparado que acabas de pasar. He escuchado retumbar en lo profundo de mi espíritu todo tipo de guía de Dios: «No hagas eso, no vayas allí, regala esto, envíale una nota, pasa por su oficina, perdona a tu mamá». Y creo que en la medida que obedezcamos dichos estímulos del Espíritu Santo de Dios, él comienza a revelar su plan para nuestra vida.

Cuando era un estudiante universitario novato de diecisiete años, seguir la voz de Dios cada día constituía una experiencia completamente nueva. Pero yo le había dicho «dondequiera» y quería cumplir. Cuando comencé a leer más la Biblia y orar más, descubrí que la oración era como una constante conversación entre dos personas que se aman. También descubrí que Dios en verdad me hablaba, no de una manera extraña «como si se abrieran las nubes» … sino como un abismo llama a otro abismo.

Un día, al dirigirme en bicicleta desde mi práctica de

baloncesto a mi trabajo de medio tiempo en una gasolinera
—un recorrido que me llevaba por un complejo habitacio-
nal— me sobrevino uno de esos impulsos: «Oye, es temprano para ir a trabajar; ¿por qué no estacionas tu bicicleta y
vas a jugar con esos chicos?» Así que me detuve y fui hasta

Descubrí que la oración era como
una constante conversación entre
dos personas que se aman.

la cancha de baloncesto donde un pequeño de sexto grado
llamado Willie lanzaba tiros al cesto. Me puse a jugar con
él, y nos hicimos amigos enseguida. Nos gustaba tanto estar
juntos que volví a verlo una y otra vez.

Me enteré que la mamá de Willie era una madre sola que
intentaba criar a cuatro hijos. En realidad, él no disponía de
una influencia masculina positiva en la vida, así que se puede
decir que lo adopté como mi «hermano menor». Él venía a

la universidad donde pasaba tiempo con los muchachos, jugaba al baloncesto con nosotros luego de la práctica, asistía a los juegos, e incluso en cierta ocasión se sentó en el banco (donde yo pasaba bastante tiempo). También seguí visitándolo en su territorio.

Sin embargo, después de graduarme le perdí el rastro a Willie. En algún momento escuché que se había convertido en un muy buen jugador de baloncesto en la secundaria, pero hasta allí llegaba mi información. Hasta que un día, hace unos meses, atendí el teléfono en mi oficina y escuché la pregunta:

—¿Mike Breaux?

Cuando respondí afirmativamente la voz continuó.

—¿Ese tipo blanco, flaquito de abundante cabellera, que jugaba al baloncesto?

—Bueno, sigo siendo un tipo blanco, pero esas otras tres cosas quedaron allá lejos en el pasado —respondí—. ¿Quién habla?

Cuando escuché: «Soy Willie», la mente empezó a repasar posibilidades en el archivo de datos. ¿Willie? ¿Acaso conocía a algún Willie? Pero como yo vacilaba, él continuó:

—Acuérdate, Willie, el de la universidad.

Me inundaron los recuerdos mientras le preguntaba:

¿Te refieres al pequeño Willie, de sexto grado, que jugaba a la pelota?

—Ese soy yo —me contestó.

¡Las vueltas de la vida! Pero cuando pregunté qué había sido de Willie durante todos estos años, la conversación se tornó un poco más seria.

—Pues, la vida ha sido un poco dura para mí. He luchado con algunas adicciones al alcohol y a las drogas, incluso me metí en algunos problemas. Pero ahora me estoy encarrilando, porque conocí a una joven que comenzó a llevarme a su iglesia. Hicieron un retiro de varones el fin de semana pasado al cual asistí, y te llamaba para decirte que entregué mi vida a Jesucristo mientras estuve allí.

Después que un intercambio verbal equivalente a darnos

palmadas en la espalda, me contó algo más.

—Pues sí, estaba en un círculo con varios muchachos y me preguntaron cómo había iniciado mi viaje espiritual. Les conté: «Hubo un jugador flaquito de baloncesto que se detuvo cerca de mi casa y se hizo amigo mío. Se llamaba Mike Breaux, y fue el primer cristiano que conocí». Me preguntaron si me refería al tipo ese que era pastor en la iglesia de Willow Creek.

Willie no tenía idea; él también me había perdido el rastro.

Pero Willie todavía tenía una sorpresa más para comunicarme.

—Mike, me preguntaba si vendrías aquí a Bloomington para bautizarme.

¿Se te ocurre pensar que miré a mi calendario para ver si era posible? ¡De ninguna manera! le respondí:

—¡Por supuesto que puedo llegar! ¿Cuándo?

¡No hay palabras para describir cuán emocionante fue

sumergir a Willie en el agua, levantarlo y abrazarlo, treinta años después de haber estacionado mi bicicleta en su lugar de juegos! Nunca se me habría ocurrido escribir «bautizar a Willie» en el plan maestro de mi vida. Su bautismo fue, más bien, el resultado de dos personas que simplemente siguieron la voz de Dios, quien desea conducir nuestra vida de maneras que jamás soñaríamos.

Lo mismo de siempre

Me parece que cuando no respondemos a los estímulos de Dios, nos perdemos la aventura. Y hay demasiada gente que hace precisamente eso. Por otra parte, si sintonizamos su guía, es posible que tengamos mayor aventura de la que podamos imaginar. La mayoría de mis amigos de la infancia, quedan sorprendidos cuando se enteran de lo que hago actualmente; no pueden creer cómo la gracia de Dios transformó a ese tipo que conocían en aquel entonces en el que conocen hoy. Para ser franco, apenas puedo creerlo yo

51

mismo. Me fluyen pasión, propósito y gozo por las venas de una manera que nunca soñé posible. ¡Dios cambia a la gente!

Y muchos anhelan cambiar. Me encuentro con muchísima gente desanimada, vacía, aburrida, y puedo reconocerla de inmediato dado que fui uno de ellos. Lo noto especialmente en los varones. Observo que hacen lo mismo todos los días. Me refiero a la «misma vida de siempre» que nunca cambia. Ya sabes cómo va la cantinela...

Te levantas a la misma hora de siempre, apagas el mismo despertador de siempre, entras al mismo baño de siempre, observas la misma cara de siempre en el mismo espejo de siempre, te metes bajo la misma ducha de siempre, te secas con la misma toalla de siempre, y te pones la misma ropa de siempre.

Luego vas a la misma cocina de siempre, sacas el mismo recipiente de siempre, le echas el mismo cereal de siempre, y lo comes con la misma cuchara de siempre, bebes el mismo café de siempre, lees el mismo periódico de siempre, y besas a la misma esposa de siempre. Luego te subes al mismo automóvil de siempre, conduces por el mismo camino de siempre al mismo trabajo de siempre, te sientas al mismo escritorio de siempre, y te ríes de las mismas bromas de siempre que el mismo jefe de siempre te cuenta de la misma manera de siempre.

Fichas la salida a la misma hora de siempre, vuelves a subir al mismo automóvil de siempre, conduces por la misma calle de siempre, te metes en el mismo garaje de siempre, abrazas a los mismos chicos de siempre, vas a la misma cocina de siempre, y te sientas y comes esa misma comida de siempre.

Finalmente, vas a la misma sala de siempre, te sientas en el mismo sillón reclinable de siempre, miras la misma «Rueda de la fortuna» (Wheel of Fortune) de siempre, te quedas dormido en la misma silla de siempre, te levantas y vas a la misma cama de siempre, formulas a la misma esposa de siempre la misma pregunta de siempre, obtienes la misma respuesta de siempre, te das vuelta y activas el mismo reloj despertador de siempre y te levantas la mañana siguiente y vuelves a hacer lo mismo de siempre otra vez.

Yo no deseo «lo mismo de siempre». ¿Lo deseas tú? Tenemos una sola oportunidad en esta vida; por lo tanto deseo vivirla apasionadamente.

Así vive mucha gente. ¡Esa es su vida!

Yo no deseo «lo mismo de siempre». ¿Lo deseas tú? Tenemos una sola oportunidad en esta vida; por lo tanto deseo vivirla apasionadamente. Deseo vivir con sentido de propósito. No deseo trabajar un tiempo, ganarme unos pocos dólares, obtener una buena jubilación, comprar un carro de golf y pasar el resto de mis días tratando de quebrar el par. ¡Quiero vivir! ¿Acaso no fue William Wallace en *Corazón valiente* quien dijo: «Todos los hombres mueren. Son muy pocos los que de veras viven?»

Produzcamos un cambio ... ¡ya!

Escuché que algunos investigadores reunieron un grupo de hombres y mujeres de noventa y cinco años de edad y les hicieron una encuesta. No sé como lograron hacerlo, pero lo hicieron. A toda esta gente le plantearon la siguiente pregunta:

—Si pudiera hacer todo de nuevo, ¿que cosa haría diferente?

¿Puede adivinar qué dijeron? Su primera respuesta quizá fue:

—Eh, ¿cómo era la pregunta?

Pero en cuanto la comprendieron dieron tres respuestas muy concretas.

—Si tuviéramos que vivir la vida otra vez —aclararon— en primer término reflexionaríamos más. Haríamos las cosas más despacio, nos deleitaríamos con las puestas de sol, tomaríamos más helados, y reiríamos más. Disfrutaríamos más la vida. Nos empaparíamos más de los momentos especiales. No trabajaríamos tan acelerada y febrilmente.

En segundo término manifestaron:

—Nos arriesgaríamos más. Consideraríamos más alternativas. Enfrentaríamos la vida como una aventura, en la que uno no puede recoger el fruto a menos que se arriesgue.

Tal como me dijo un día un anciano:

—Hijo, si no vives al límite, ocupas demasiado espacio.

Y en tercer lugar, dijeron:

—Si tuviéramos que hacer todo de nuevo, haríamos de la vida algo que perdurara largo tiempo después de nuestra muerte.

No sé qué opinarás tú, pero yo no deseo esperar hasta tener noventa y cinco años para pensar en estas cosas. Deseo reflexionar ahora. Deseo arriesgarme ahora. Deseo ahora hacer algo con mi vida que perdure largo tiempo después de que me haya ido.

Si tuviéramos que hacer todo de nuevo, haríamos de la vida algo que perdurara largo tiempo después de nuestra muerte.

En el fondo, me parece que todos sentimos que se nos puso en este planeta para hacer algo significativo, tocar la vida de alguien, hacer algo bueno. Dios, el autor de la bondad, puso eso en nuestro ADN. Cada vez que veo que alguna persona aprovecha la oportunidad de producir un cambio en la vida de otro, ¡observo que cobra vida! Recuerda: «*Somos hechura suya, creados en Cristo Jesús para realizar las buenas obras que de antemano dispuso que realizáramos*» (Efesios 2:10, *La Biblia al Día*). Esta es realmente una forma increíble de vivir.

Debbie y yo tenemos dos hijos carpinteros. (Sí, así es. ¡Finalmente conquisté a esa muchacha, Debbie!) Derrick y Drew han formado una pequeña compañía: Breaux Brothers Construction. A todos nos encanta construir, demoler y también visualizar lo que podría hacerse con un poco de remodelación. Sin embargo, la diferencia entre ellos y yo, es que ellos son muy buenos en lo que hacen! Son jóvenes (veinte y veintitrés años), pero ambos tienen una sorprendente aptitud para todo lo que sea construcción. También tienen corazones que crecen en compasión y un profundo deseo de usar sus habilidades para producir un cambio.

Hace unos años, los tres comenzamos nuestra propia versión de *Extreme makeover: Home Edition*[1] [Renovación extrema: edición hogareña] y *While you were out*[2] [Mientras

estabas fuera] para gente que Dios nos ponía en el corazón. Tratamos de realizar un proyecto por año, porque Dios nos ha bendecido muchísimo y el ayudar en forma sorpresiva a una familia que lo merece nos hace cobrar vida. Comenzamos creando un fondo común con nuestro dinero de Navidad, al decidir que renunciaríamos al intercambio de regalos caros a fin de ver cómo otros «abrían algo». Jesús tenía razón en cuanto a ese asunto de dar y recibir; la primera opción en verdad es la más divertida, ¿no es cierto?

Pero el último proyecto que encaramos creció a una escala que superó nuestros recursos y capacidades. Solo disponíamos de una semana para completarlo, y una vez que estábamos dentro de la casa, nos dejó helados la cantidad de trabajo que debía hacerse. Derrick me llamó con la noticia. «Esto va a requerir mucho más dinero y mano de obra de lo que pensábamos. ¿Qué vamos a hacer?»

No nos llevó mucho tiempo sacar dos conclusiones: esta familia realmente necesitaba ayuda, y Dios nos había pedido que se la brindáramos. En el peor de los casos, yo sacaría un préstamo personal para concretarla. Pero primero, dije a los muchachos: «Hagamos correr la voz y veamos qué ocurre».

Lo que ocurrió fue sorprendente. Vino gente de todas partes y los recursos fluyeron como un río. ¡Contamos más de cien personas que se presentaron para ayudar esa semana, personas que abordaron proyectos que ni siquiera habíamos pensado realizar! Colaboraron los vecinos. Parejas de jubilados trabajaron con nosotros catorce horas al día. Directivos de empresas colocaron azulejos y pintaron armarios. Los adolescentes hicieron trabajos de jardinería. Todos los días, alguien nos traía el almuerzo. Una persona dijo: «Yo compraré todos los artefactos electrodomésticos nuevos». Un grupo de gente generosa se ofreció para comprar muebles nuevos para la sala. Otro grupo apareció con las mesadas. Y otro con los artefactos de iluminación y los armarios para el baño. ¡Un contratista cubrió el exterior de toda la casa con revestimiento nuevo en forma gratuita, y cuando su amigo se enteró de lo que hacíamos, sacó a sus muchachos de otro trabajo e hizo que colocaran un techo nuevo en dos días!

Solo habíamos planeado renovar la cocina, arreglar unas pocas tablas sueltas, y comprar alguna alfombra. Pero al finalizar el proyecto, habíamos reparado y remodelado toda la casa con elementos de larga duración, y dejado 3.000 dólares

Vieron lo que yo he visto muchas veces antes: cómo cobran vida las personas cuando son una herramienta en las manos de Dios.

para pagar las cuentas de la familia. ¡Dios se movió en el corazón de la gente!

Me dio mucho gusto ver cómo mis hijos conducían este proyecto. Me agradó aun más observar cómo ellos veían la provisión de Dios. Quedaron impresionados. Vieron lo que yo he visto muchas veces antes: cómo cobran vida las personas cuando son una herramienta en las manos de Dios, y producen un cambio por medio de su propia vida. Eso no es para nada «lo mismo de siempre».

---

1. Nota del Traductor: Programa de televisión de la cadena estadounidense ABC, ganador de un Emmy, donde un equipo de diseñadores reconstruye la casa de gente necesitada en siete días (Wikipedia).
2. Nota del Traductor: Programa similar al anterior.

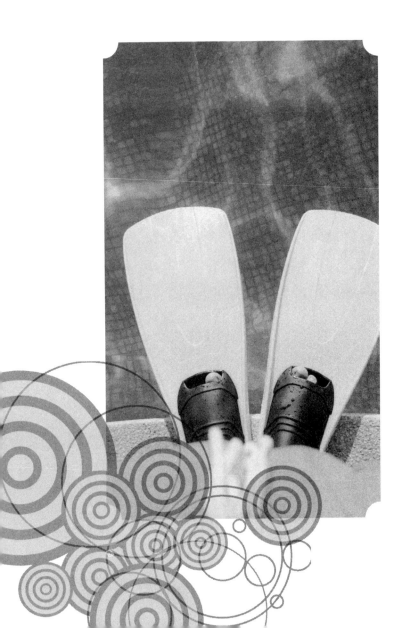

Causando impacto

Me pregunto cómo te metes en una piscina. ¿Acaso eres de los que meten la punta del pie? Introduces el dedo gordo y dices, «¡Uuuuy, qué frío!» Y luego los tobillos, ¡uuuuy, qué frío! Luego las pantorrillas, uuuuy; las rodillas, uuuuy; los muslos, uuuuy. ¡Es espantoso!

Ya sabes cuál es la mejor manera de hacerlo, ¿verdad? ¡Estilo bomba! Tomas impulso con una corrida, recoges las rodillas, saltas a la piscina, ¡y el agua sale disparada por todas partes! Se forman ondas que se extienden, llegan hasta el borde y vuelven. Van y vienen. Si uno es verdaderamente grande, eso se mantiene, y si la piscina no tuviera bordes, seguirían extendiéndose mucho tiempo después de la zambullida inicial.

Pienso que ese fue el plan de Dios para nosotros. Él nos dice: «Confía en mí; ¡salta! Crea una salpicadura con la única vida que tienes, y podemos juntos hacer ondas. Vive tu vida de tal manera que toques la vida de otros. Luego ellos tocarán la vida de otros, y ellos a su vez tocarán la vida de otros; y mucho tiempo después que hayas muerto, y ya no estés, las ondas seguirán expandiéndose con vigor».

Nunca soñé que sería pastor, predicador, maestro; jamás. Y por cierto que nunca imaginé que lo sería en Las Vegas. Pero un día recibí una llamada telefónica de alguien llamado Gene Appel. Me dijo:

—Oye, nuestra iglesia está por iniciar una nueva iglesia. Las Vegas es la ciudad de crecimiento más acelerado en la nación, y deseamos ubicar esta en la sección de mayor crecimiento de la ciudad de mayor crecimiento porque allí no hay ninguna iglesia. Hemos estado orando, y opinamos que tú eres la persona para hacerlo.

Le contesté:

—¿Yo? —Soy un muchacho de Kentucky, y no me parecía que fuera una combinación lógica.

Pensé para mis adentros:

—¿Acaso la iglesia de Las Vegas no suena contradictorio? —Y allí mi imaginación se puso a trabajar a toda máquina: ¿Habría «máquinas de diezmo» en la antesala; mueva la palanca e intente alinear tres arbustos ardientes en hilera? ¿Tendríamos muchachas en bikini caminando por el escenario con pancartas para anunciar los números de los himnos? ¿Sería Wayne Newton uno de los ancianos?

Logré controlar mi imaginación y le dije a Gene que Debbie y yo oraríamos al respecto, aunque en realidad no tenía planes de hacerlo. (Solo hablo con franqueza … Vamos, ¡tal vez tú dirías lo mismo!) Sin embargo, no solo

oramos en cuanto al asunto, sino que viajamos al oeste a Las Vegas a fin de echarle un vistazo. Y sentimos como que Dios nos pedía que saliéramos de nuestro círculo conocido, para jugarnos, arriesgarnos, ir allí y plantar una iglesia en «la Ciudad del Pecado».

De paso, nunca la llamamos Ciudad del Pecado. La llamamos la Ciudad de la Gracia, porque la Biblia dice que donde abunda el pecado, abunda aun más la gracia (Romanos 5: 20). Y vimos cómo la gracia de Dios se extendía a toda clase de personas quebrantadas, vacías, atascadas y las ayudamos a recomponer sus vidas. Quizá haya sido la experiencia más grandiosa de toda mi vida. Aprendí más acerca de la gracia de Dios de lo que había sabido nunca, y comprendí que ninguno está más allá del amor de Dios; no importa cuánto hayas corrido, Dios corre aun más lejos. Fue en Las Vegas que finalmente comencé a comprender realmente cuán alto, largo y ancho es el amor que Dios le tiene a la gente. Ministrar en Las

Vegas fue una experiencia asombrosa que ha definido mi ministerio desde entonces.

No sé si generé ondas hacia una gran cantidad de personas en ese lugar, pero estoy seguro de que lo hice con un muchacho llamado Jeff. Los dos jugábamos un partido de baloncesto en la YMCA donde se reunía nuestra iglesia, cuando Jeff me llamó aparte y me dijo:

—Mira, ya sé que estamos aquí para jugar baloncesto y todo eso, pero deseaba que supieras que he estado asistiendo a la iglesia que tienes aquí. Está bastante buena,

Le respondí:

—Hombre, gracias, me alegra que te agrade.

Me preguntó si podríamos conversar un rato, y en cuanto comenzamos, me dijo:

—A modo de introducción a lo que te voy a contar, te quiero aclarar que soy una persona bastante inteligente. Me gradué en física. Fui «mariscal de campo» de primer nivel en una pequeña universidad. Tengo mi propia empresa, gano buen dinero, y tengo una hermosa familia. Me refiero a que se podría decir que soy de esas personas que tienen todo en orden ... solo que no tengo todo en orden.

Admitió que había tenido un problema con el juego durante largo tiempo, que bebía demasiado, y que sentía que su vida estaba fuera de control, particularmente en la cuestión del juego.

—Le he mentido a mi esposa todas las noches, diciéndole que trabajo hasta tarde —me dijo— pero hombre, estoy sentado en los casinos metiendo monedas de veinticinco centavos uno tras otro, un dólar tras otro en sus máquinas de video-póker. No puedo parar. La otra noche, salí corriendo a mi automóvil y comencé a buscar como loco en los asientos con la esperanza de encontrar un poco de cambio a fin de volver y jugar un poco más. ¡Esto es de locos! Siento que mi vida y mis mentiras se están desmoronando. ¿Alguna vez sentiste algo parecido? (Y yo pensé: «¡Vaya si lo he sentido!»)

Luego añadió:

—Me siento en la iglesia y me viene la sensación de que tal vez Dios puede ayudarme. Que quizá Dios sea la respuesta.

Le dije:

—Tienes razón. Dios sí puede ayudarte. El me ayudó a mí.

Jeff y yo comenzamos a encontrarnos y, para hacerla corta, él terminó haciendo lo mismo que hice yo a los diecisiete años. Se humilló y pidió a Jesucristo que fuera su guía. Y Dios obró en la vida de Jeff un giro de ciento ochenta grados. Le quitó el deseo de beber y de jugar y le dio dominio propio para acompañar su excelente personalidad y su corazón compasivo. Hoy, es un padre y esposo dedicado a su familia, y uno de los cristianos más amables, dinámicos y apasionados que conozco.

Bien, avancemos rápidamente unos pocos meses, a una noche en la que recibí una llamada telefónica de una madre en St. Louis, Missouri. (No sé aún como consiguió el número de mi casa.) Me dijo:

—Tengo un hijo de veintiún años llamado Gary que tiene problemas con la bebida y el juego. Pensamos que va rumbo a Las Vegas, y escuchamos que usted tiene una iglesia allí. ¿Podría usted vigilarlo?

Me quedé pensando:

—¿Vigilarlo? Vienen treinta millones de personas a Las Vegas por año. ¿Cómo se supone que encuentre a un muchacho?

Pero encontrar a una persona en una multitud de treinta millones no es nada para Dios. Él es un perseguidor incansable de nuestra alma, y él rastreó a Gary. Aproximadamente una hora después la madre me llamó de nuevo, y me dijo:

—Está en Las Vegas. Alguien lo encontró desvanecido en el estacionamiento de un pequeño hotel, y el gerente lo hospedó por la noche. Aquí está la dirección. ¿Podría usted hacer algo?

Corté la comunicación a la vez que me preguntaba:

—¿Qué voy a hacer? —Pero a continuación se me ocurrió— ¡Jeff! ¡Sí, llamaré a Jeff!

En cuanto atendió el teléfono, le dije:

—Oye, tengo un muchacho para ti. Está en un pequeño hotel detrás de «The Strip». ¡Ve a buscarlo!

Y Jeff respondió:

—De acuerdo, me encargaré del asunto.

Encontrar a una persona en una multitud de treinta millones no es nada para Dios.

En esa época éramos una iglesia nueva; una iglesia ambulante que tenía que colocar las sillas y todo el equipo cada domingo a las seis de la mañana. Jeff era parte de la cuadrilla de montaje. De modo que a las 5:30 de la mañana tocó a la puerta del sórdido hotelucho. Un muchacho grande como una montaña abrió la puerta. Con su metro noventa y tres y sus ciento trece kilogramos de peso, Gary ocupaba todo el marco de la puerta. Estaba adormilado, con resaca, vómito en la camisa, y le gruñó:

—¿Qué quiere?

Jeff no se amedrentó.

—Oye, me llamo Jeff, y sé todo acerca de ti. Llamó tu madre. Solías jugar fútbol; yo solía jugar fútbol. Tienes problemas con la bebida y el juego; yo solía tener problemas con la bebida y solía tener problemas con el juego. Vamos, date una ducha y vamos juntos a la iglesia.

Gary le respondió:

—¿Disculpa?

Pero Jeff sigue adelante sin achicarse.

—Hombre, lamento hablarte de manera tan acelerada. Y también lamento presentarme aquí tan temprano, pero formo parte de la cuadrilla de montaje de una iglesia nueva y realmente estupenda, y tenemos que montar todo a las seis de la mañana. Y tú eres un tipo grande, así que podrías darnos una buena mano. Vamos, hombre, date una ducha y conversemos acerca de esto en el automóvil.

Gary se quedó allí perplejo y le dijo:

—De acuerdo.

Se dio una ducha, subió al auto con alguien completamente desconocido, y fue a la escuela secundaria donde se reunía nuestra iglesia. Nos ayudó a colocar las sillas, se quedó para la reunión y ese mismo día —al igual que yo a los diecisiete años y Jeff a los treinta y tres— Gary entregó su vida a Jesús. ¡Y Dios lo transformó completamente! Cuando me fui de Las Vegas, las ondas de Jeff todavía se extendían hasta Gary, y las de Gary habían comenzado a extenderse hacia un muchacho llamado Darnell. ¡Así funciona! Una vida toca otra vida, y esa vida toca otra vida, y así se expanden las ondas sin cesar, mucho tiempo después de tu zambullida.

Cuando pienso en Las Vegas, pienso en una muchacha a la que llamaré Leah. Cuando la conocí por primera vez en la YMCA donde comenzamos nuestra iglesia, ella lloraba. Según las normas mundanas, Leah era físicamente deslumbrante. Pero podía percibir el vacío y el quebranto en sus ojos llenos de lágrimas. Entre sollozos me contó:

—Nunca he sido de las personas que van a la iglesia. Todo esto es nuevo para mí. Ni siquiera sé por qué estoy aquí hablando con usted, o si esto siquiera está permitido. Pero en este momento mi vida es un desastre. Iba a hacerme un aborto, pero la gente me convenció de que no lo hiciera. ¡Ahora tengo este bebé, y este bebé no me quiere!

¡Así funciona!
Una vida toca otra vida, y así se expanden las ondas sin cesar.

Me siguió contando que era una madre soltera que nunca había tenido un verdadero ejemplo de cómo ser una buena madre (su propia madre se había casado cinco veces).

—Me siento sumamente perdida y desorientada. No sé qué hacer. Tiene cólicos y no deja de llorar. ¿Qué hago con este bebé?

Le respondí:

—Yo tampoco tengo idea de qué hacer, pero mi esposa Debbie es maravillosa con los niños. Aguarda un segundo.

Encontré a Debbie, le comuniqué una versión resumida de la historia, y la conecté con Leah. Se sentaron a conversar, y cuando terminaron, Debbie había invitado a Leah a almorzar. A decir verdad, durante todo el año siguiente, Leah y su hijito vinieron a casa a almorzar cada domingo después de la reunión.

Ahora bien, Leah trabajaba de lo que llamaban una «diosa del vino» en Caesar's Palace. Se vestía con un atuendo sumamente sugestivo tipo Cleopatra, y su atractivo y encanto le proporcionaban suficientes propinas como para asegurarle un buen ingreso. Debbie amaba a Leah; fue su guía y la ayudó a ser una buena madre. Fue realmente hermoso observar su desarrollo, y resultó divertido ver cómo Dios la transformaba lentamente. En efecto, cuánto más crecía en su amor a Dios, más velos le añadía a su vestimenta.

Una noche dijo:

—Oigan, mi hijo está por cumplir su primer año. Estoy muy agradecida a Dios por haberme bendecido con él, y pensaba que podríamos hacer una fiesta de cumpleaños para celebrarlo. Sin embargo, mi apartamento es un tanto pequeño, y quisiera invitar a algunos amigos. ¿Me permitirían hacer la fiesta en su casa?

—Claro que sí; sería fantástico —le respondí—. Me pidió si yo podría sacar fotografías, y acepté hacer eso también.

Pues bien, llegó la noche de la fiesta, y a las siete de la tarde empezó a sonar el timbre. ¡Se presentaron todas las demás diosas del vino del Caesar's Palace! Las amigas de Leah entraron a mi sala, y mientras les sacaba fotos pensaba:

—Dios, cuando dije «dondequiera», no se me ocurrió pensar que sería en Las Vegas con la sala llena de diosas del vino. ¡Esto es increíble!

Es como esa caja de bombones; uno nunca sabe lo que le va a tocar, ¿no es cierto?

Finalmente Leah entregó su vida al Señor. Puso su vida en manos del Creador del destino. Y ahora, años después, es una maravillosa mamá que cría a sus dos hijitos enseñándoles a amar a Dios. Ella propagó sus ondas hacia Lisa, la cual asistió a la fiesta esa noche, y en estos días Lisa propaga sus ondas hacia muchas otras mujeres. En realidad, había todo un contingente de gente del Caesar's Palace que se sentaba junta en nuestra iglesia, empapándose del amor, la gracia y la maravilla de Dios.

Justo antes de que dejara Las Vegas, me comunicaron:

—Estamos hablando con la bailarina que realiza la danza del vientre en el club. Está atravesando un momento difícil, y estamos tratando de lograr que venga a la iglesia. —Y así sucede. Una vida toca otra vida, que a su vez toca otra vida, la cual toca otra vida; y las ondas se expanden sin cesar.

Las ondas también me hacen pensar en Harold, uno de mis buenos amigos en Kentucky; a decir verdad, es una de mis personas más preferidas del planeta. Es el campe-

sino más bonachón que conozco. Hay un par de cosas que nunca oirás salir de boca de Harold: «Escojo Shakespeare por 1.000 dólares, Alex[1]» ni «Jaque mate». ¡Él es sencillamente esa clase de persona de simpleza refrescante, lenguaje campesino, agradecido de ser un humilde trabajador transformado!

La primera vez que lo conocí, me dijo:

—Mike, sé que has estado allá en la Ciudad del Pecado, y probablemente te has topado con muchas personas que han hecho muchas cosas malas. Pero apuesto a que nunca conociste a alguien que haya hecho algunas de las cosas que hice yo.

Y tenía razón. Comenzó a desembuchar su pasado sórdido, destructivo y oscuro. No se jactaba de ello. No es que estuviera orgulloso de contarme estas cosas; era que estaba quebrantado. Estaba cansado de flotar a la deriva, como en forma accidental. Necesitaba que Dios lo restaurara. Deseaba vivir.

Harold se humilló ante Dios y puso su vida en manos del Creador del destino … ¡y vaya manera de generar ondas! ¡Este hombre es un balazo! Ni siquiera me es posible contarte cuánta gente ha tocado la vida de Harold y está tocando actualmente. Es un ejemplo viviente de lo que quiso significar Jesús cuando dijo que a quien mucho se le perdona, mucho ama (Lucas 7:47). Él es uno de los hombres más agradecidos que he conocido, y su gratitud toca a la gente.

Entrevisté al pequeño grupo de Harold un día en la reunión de la iglesia; hice que se sentaran en una hilera recta de taburetes sobre el escenario. Harold relató una parte de su historia, y luego le pregunté:

—¿Cómo iniciaste este nuevo viaje?

Él miró hacia la hilera de taburetes y señaló:

—Ahí está Stephen. El es quien me contó de esta iglesia y de este gran Dios que podía ayudarme.

Acoté:

—Es asombroso.

Y mirando al muchacho que estaba sentado al lado de Harold, le pregunté:

—Luke, ¿cómo lograste que tu vida volviera a encarrilarse?

Él señaló y respondió:

—Harold. Sí, Harold y yo somos viejos compañeros de pesca. En realidad, solíamos drogarnos juntos con cocaína, pero ahora nos juntamos a leer las Escrituras. Qué estupendo, ¿no?

—Es fantástico —le dije, y me dirigí al próximo muchacho con la pregunta:

—¿Cómo comenzaste este nuevo camino?

Me contestó:

—Luke.

Y así recorrimos toda la hilera. ¡Un muchacho tocó la vida de otro muchacho, el cual tocó la vida de otro, que a su vez tocó la vida de otro más! Todo se trata de una vida que toca otra vida que toca otra vida que toca otra vida.

Es imposible para mí hablarte de ondas sin mencionar a Nanny. Fue nuestra abuela que llegó a los ciento tres años, antes de fallecer. ¡Nanny era increíble! Se mantuvo vivaz, divertida y con la mente aguda hasta el día de su muerte.

Hace poco escuché a una anciana de 104 años que respondía a la siguiente pregunta:

—¿Qué es lo mejor de tener 104 años?

A lo cual respondió:

—¡Uno no se siente presionado por los semejantes!

Me encanta esa respuesta, porque parece algo que hubiera dicho Nanny. Cierta vez me dijo:

—Cuando llegues a la edad de cien años, ¡no compres bananas verdes! —(Piénsalo.)

Y cuando Nanny llegó a los ciento tres, dijo:

—Ciento tres años, eso sí que es ser anciana. —Se levantó la manga de su batón de algodón, idéntico a los que usó todos los días de su vida, y miró su reloj. Luego añadió:

—Apuesto a que mi madre y mis hermanas están de pie

allá en el cielo y se preguntan: «¿Dónde estará Ida Mae? Ya debería estar aquí. ¿No piensas que se haya ido a ese otro lugar, no?» —Nanny era única.

Cuando festejamos sus cien años, observé a Nanny mientras sentada en su silla saludaba literalmente a cientos de personas que habían venido a su casita para dar las gracias a esta mujer sencilla, diminuta y de bellas arrugas. Nanny nunca aprendió a conducir, nunca fue a la universidad, nunca tuvo demasiado dinero, y su nombre nunca apareció en el periódico (salvo el día que cumplió cien años). Vivió los últimos cuarenta años de su vida siendo viuda en la misma casa diminuta donde crió seis hijas (¡con un solo baño!). Básicamente eso fue lo que hizo que se destacara.

Pero fíjate, ella decidió desde temprano en la vida que se pondría en las manos del Creador del destino y que sencillamente volcaría su vida, su amor y su fe en esas seis hijas. ¿Y sabes lo que hicieron esas seis hijas? Volcaron su vida, su amor y su fe en sus tres o cuatro hijos. Y sus hijos volcaron su

vida, su amor y su fe en sus tres o cuatro hijos. Y ahora todos ellos, muchos de los cuales nunca llegaron a conocer siquiera a Nanny, pasaron por esa casa para decir:

—Gracias por la manera en que tocaste mi vida.

La parte interesante de la historia para mí es que una de esas hijas que crió Nanny fue una muchacha llamada Molly, la cual tuvo una hija increíblemente bonita llamada Debbie, que me cambió la vida. ¿Te das cuenta cómo funciona?

---

1. Nota del Traductor: Aquí se hace referencia a un programa televisivo llamado Jeopardy de la cadena estadounidense NBC. Dicho programa es un concurso de preguntas y respuestas, cuyo conductor se llama Alex Trebek.

Hagamos ondas hacía delante

ebbie y yo tenemos una hija que se llama Jodi que ahora tiene dos hijitas propias. Es estupendo ver como Jodi se relaciona con ellas y saber el impacto que producirá en la vida de ellas, como Nanny lo hizo en la vida de sus hijas. Resulta particularmente gratificante, cuando recordamos la época en que Jodi cursaba el penúltimo año de la secundaria.

Fue cuando ella en cierto modo le había perdido el rastro a Dios, o quizá sencillamente intentaba encontrarlo de muchas maneras diferentes. Durante cierto tiempo fue una de esas muchachas que andan flotando por la vida, y ocurrían algunas cosas bastante destructivas. Permítame decirle a todo padre que pueda leer estas palabras que uno puede realizar el mejor trabajo posible como padre, pero nuestros hijos siguen siendo individuos con libre albedrío. Toman sus propias decisiones. Les prodigas amor incondicional y estableces para ellos límites buenos y llenos de amor. Pero ellos igual pueden mentirte y hacer cosas que nunca soñaste que harían. Esa es la realidad.

Y durante ese año, a menudo tuvimos que orar:

—Dios, es nuestra hija. Haremos el mejor trabajo posible como padres, pero no podemos estar con ella en todo momento. Nosotros no podemos, pero tú sí. —Pedimos dos cosas en oración: que Jodi tuviera discernimiento de parte de Dios y que fuera una pésima embustera. Y así fue.

Su vida (como la de otro adolescente de diecisiete años que conocí) comenzó a desmoronarse. Ella no podía recordar qué mentira le había dicho a quién o quién sabía lo que ella hacía o dónde estaba cuando lo hacía. Estaba agotada de tratar de llevar una doble vida. Se humilló, levantó las manos al cielo y entregó su vida al perdón y a la amorosa guía del Creador del destino. Y ahora ella es una muchacha increíble.

> Pedimos dos cosas en oración: que Jodi tuviera discernimiento de parte de Dios y que fuera una pésima embustera.

Cuando se recibió de la secundaria Jodi dijo:

—Escuchen, quiero que mi vida importe. Me parece que no quiero asistir a la universidad de inmediato.

Unos años antes, nuestra familia había realizado un viaje misionero de corto plazo a Haití. Jodi nos comentó:

—Me gustaría volver a Haití y trabajar durante un año con esos huérfanos y la gente pobre en la misión médica.

Le respondí:

—Jo, ¿sabes que Haití es el país más pobre del hemisferio occidental? Está infestado del SIDA y lo controla el vudú. ¿Deseas vivir allí?»

Me contestó:

—Amo a esos niños, y me parece que Dios desea que dé un año de mi vida para hacer eso.

Dije:

—De acuerdo. Si sientes que Dios te impulsa a hacerlo, nos entusiasma que lo hagas.

Bueno, «entusiasmados» no era una palabra muy genuina que digamos, dado que el poner a esa muchacha en un avión y decirle, «Hasta luego, Jodi», fue una de las cosas más difíciles que he hecho. Salí hasta el estacionamiento del aeropuerto y lloré como tipo de sensibilidad artística que soy. Oré como lo había hecho dos años antes: «Dios, es tu hija».

Ella estaba en un área bastante remota de la isla donde la comunicación era un poco complicada. Ese año, las tres palabras preferidas de Debbie y mías fueron: «¡Tienes correspondencia electrónica!» Dado que el correo electrónico era la única manera de comunicarnos con Jodi.

Una noche, nos llegó un correo de ella que decía lo siguiente:

Mamá, Papá, esta fue la noche más fenomenal de mi vida. Alguien vino a buscarme en medio de la noche ¡a fin de que le ayudara a dar a luz un bebé! Fui hasta una pequeña choza y ahí estaba una mujer embarazada, desnuda y a los gritos sobre el piso de tierra. Me llamaron a mí porque me habían visto con la enfermera y pensaban que yo era enfermera. Pero yo no sé cómo ayudar a dar a luz un bebé; solamente una vez ayudé más o menos en un parto. Y me encontraba allí sola en la choza, y pensaba: «Tengo dieciocho años, estoy en un país del tercer mundo, en medio de una jungla, sola, con una linterna y una mujer emba-

razada, desnuda y a los gritos sobre un piso de tierra de una choza y voy a tener que ayudar a dar a luz este bebé. ¿Qué hago aquí?»

Para colmo de males, una visita entró en la choza. Estaba vestida con la vestimenta azul y roja del brujo vudú. Comenzó a pronunciar algún conjuro malvado. Caminó alrededor de mí y de la mujer embarazada, deteniéndose ante la barriga de la mujer a fin de poner sobre ella una especie de aceite. Luego invirtió su recorrido alrededor nuestro, a la vez que cantaba todo el tiempo algo en Creol. Se detuvo a la cabeza de la mujer y le puso el mismo tipo de aceite en la cabeza y luego se quedó parada allí mientras cantaba y me miraba con la expresión más malvada que haya visto jamás.

Me dispongo a recibir al bebé y pienso:

—Tengo dieciocho años; estoy en un país del tercer mundo, a cinco mil kilómetros de mi hogar; estoy

en una choza con una mujer embarazada, desnuda y a los gritos que yace en el piso; tengo una linterna ¡y una bruja vudú me está perforando con una mirada llena de odio!

No sabía qué hacer. Sencillamente le devolví la mirada y sabía que no entendía inglés, pero comencé a cantar: «Nuestro Dios poderoso es y reina con autoridad; con gloria, amor y poder, nuestro Dios poderoso es», tras lo cual la bruja vudú tomó todas sus cosas y salió corriendo de la choza.

Supe entonces que este pequeño bebé nacería con la bendición de Dios y no con la maldición de Satanás.

Al leer esta correspondencia electrónica como papá de Jodi, pienso:

—¿Que haces en una choza con una bruja vudú? ¡Mañana mismo te subes a un avión y vuelves aquí! ¡Tenemos pizza, helado, cachorritos y almohadas mullidas! ¡Vuelve a casa!

Estoy cansada de vivir flotando
de manera accidental,
como una pluma en la brisa.
Quiero poner mi vida en las manos
del Creador del destino.
Deseo generar algunas ondas
con mi vida.

Pero con el próximo aliento dije en voz alta:

—Así se hace, Jodi. Así se propagan las ondas, muchacha.

Verás, quién sabe qué será de esa pequeña criatura cuando crezca y qué vidas logrará tocar, que a su vez tocará otras

vidas, que a su vez tocarán otras vidas. Y todo porque una valerosa jovencita de dieciocho años dijo:

—Estoy cansada de vivir flotando de manera accidental, como una pluma en la brisa. Quiero poner mi vida en las manos del Creador del destino. Deseo generar algunas ondas con mi vida.

Jesús dijo: «*Los que entregan sus vidas por mi causa y por la causa del evangelio llegarán a saber a plenitud lo que es la vida*» (Marcos 8: 35, *La Biblia al Día*).

¿Deseas vivir de verdad? Me parece que debes tomar una decisión ahora mismo. Puedes cerrar este libro, dejarlo botado en un estante o en un receptáculo de basura, y optar por flotar por la vida de manera accidental, como una pluma en la brisa, durante toda la vida, si así lo deseas. O puedes ponerte en las manos amorosas del Creador del destino y ver cómo llena tu vida de propósito, dirección, pasión y significado. Escúchalo decir:

—Yo te hice, te amo, y mis planes para ti son darte una esperanza y un futuro que solo puedes imaginar. Ven, déjame conducir tu vida. ¡Juntos generaremos algunas ondas!

Y eso es todo lo que tengo para decir al respecto.

WILLOW
Willow Creek Association
P.O. Box 3188
Barrington, Illinois 60010-3188
www.willowcreek.com

Nos agradaría recibir noticias suyas.
Por favor, envíe sus comentarios sobre este libro
a la dirección que aparece a continuación.
Muchas gracias.

Editorial Vida
8410 NW 53rd Terrace, Suite 103
Miami, FL 33166

Vida@zondervan.com
www.editorialvida.com